Grands Événements | numéro **12**

LES CROISADES
EN TERRE SAINTE

— Délivrer le tombeau du Christ

par Julie Lorang

50MINUTES

Avec la collaboration de Thomas Jacquemin

DEVENEZ INCOLLABLE
EN HISTOIRE !

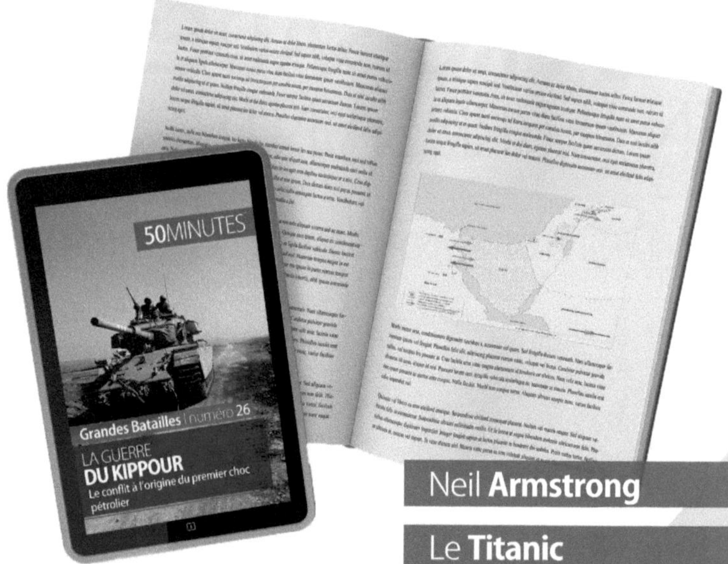

50MINUTES

Neil **Armstrong**

Le **Titanic**

George **Washington**

Christophe **Colomb**

Jacques **Cartier**

www.50minutes.com

LES CROISADES EN TERRE SAINTE

- **Quand ?** Entre 1095 et 1291.
- **Où ?** Au Proche-Orient, à Constantinople, en Égypte et en Tunisie.
- **Contexte ?**
  - L'expansion des Turcs seldjoukides musulmans au Proche-Orient et en Asie Mineure, qui entrent en conflit avec l'Empire byzantin chrétien et les populations arabes locales.
  - Le projet du pape Urbain II visant à libérer le Saint-Sépulcre, tombeau du Christ, occupé depuis plusieurs siècles par les musulmans.
- **Protagonistes ?**
  - Urbain II, pape (1042-1099).
  - Godefroy de Bouillon, premier avoué du Saint-Sépulcre (1061-1100).
  - Saladin Ier, commandant des troupes musulmanes (1138-1193).
  - Richard Ier Cœur de Lion, roi d'Angleterre (1157-1199).
  - Frédéric II de Hohenstaufen, empereur du Saint Empire romain germanique (1194-1250).
  - Louis IX, roi de France (1214/1215-1270).
- **Répercussions ?**
  - En Orient : fin de l'âge d'or de la civilisation arabe et implantation durable de la puissance turque au Proche-Orient.
  - En Occident : développement de l'Europe ainsi qu'un enrichissement économique et culturel.

Aujourd'hui encore, les huit croisades menées en Terre sainte occupent une place à part dans l'imaginaire collectif et symbolisent la violence du choc entre l'Occident chrétien et l'Orient musulman. Ces pèlerinages armés, prêchés par les papes et les souverains durant près de deux siècles, ont poussé des centaines de milliers de croisés sur les routes, marquant l'histoire à jamais.

Loin de se limiter à de simples conflits religieux, les croisades ont opposé politiquement et militairement les trois grandes puissances de l'époque, à savoir l'Europe catholique, le monde musulman et l'Empire byzantin orthodoxe. Les croisés parviennent à s'emparer de la Terre sainte lors de la première croisade et y créent les États latins d'Orient, îlots chrétiens en terre musulmane dont la défense est assurée par l'ordre des Templiers. Les expéditions suivantes seront de vaines tentatives de reconquérir ces terres, qui retournent l'une après l'autre dans le giron islamique.

De nombreuses personnalités y ont participé et s'y sont illustrées, dont le célèbre Godefroy de Bouillon, le terrible Richard Cœur de Lion ou encore le pieux Louis IX. L'histoire de ces grands chevaliers se confond ainsi avec celle des terribles batailles de Hattin (1187), de Damiette (1249) ou encore d'Al Mansoura (1250). La rencontre entre ces mondes permet finalement à l'Occident de rattraper son retard dans de nombreux domaines maîtrisés jusque-là par les Arabes, comme l'algèbre, les sciences ou encore la philosophie. Le renouveau économique et culturel majeur apporté par les croisades ouvrira à l'Europe les portes de la Renaissance.

CONTEXTE

LA NAISSANCE DE L'ISLAM ET L'AVANCÉE MUSULMANE

Parmi les différentes cultures et religions qui se sont opposées au Proche-Orient lors des croisades, le monde musulman occupe une place centrale. L'islam, prêché par le prophète Mahomet (vers 570-632) en Arabie au VIIe siècle, est une religion monothéiste alors relativement récente, mais qui a déjà conquis une grande partie du monde connu. En effet, que ce soit grâce aux caravanes commerciales ou par la force, la doctrine musulmane se propage rapidement vers l'est – en direction de la Perse, de la Mésopotamie, et ce jusqu'à l'Indus –, et vers l'ouest, sur les terres auparavant chrétiennes de l'ancien Empire romain.

En quelques années à peine, la Syrie, la Palestine et l'Afrique du Nord passent sous l'influence musulmane, démembrant ainsi une partie de l'Empire byzantin et la totalité de l'Empire perse sassanide (ancienne dynastie iranienne). Affaiblie, Constantinople garde cependant le contrôle de l'Asie Mineure – dont le territoire correspond à l'actuelle Turquie – et met fin pour un temps aux ambitions musulmanes dans cette région. Mais rien ne semble freiner l'avancée des troupes musulmanes, qui rallient la côte atlantique et franchissent le détroit de Gibraltar pour atteindre l'Europe au début du VIIIe siècle. Pénétrant en Espagne en 712 sous le commandement de Tariq ibn Zyad (mort vers 720), elles atteignent la région de Poitiers (France), où elles sont finalement défaites en 732 par Charles Martel (prince des Francs, vers 688-741).

En un peu plus d'un siècle, la religion islamique a ainsi conquis l'est et le sud du bassin méditerranéen, mais également toute une partie des continents asiatique et africain. Si les Empires carolingien et byzantin arrêtent l'islam aux portes de l'Europe, le monde musulman a tout de même réussi à s'implanter durablement dans certains territoires chrétiens, comme le Sud de l'Espagne, l'Égypte ou encore le Proche-Orient.

La civilisation musulmane jouit en outre de son avance dans de nombreux domaines tels que les arts, la littérature, les sciences ou encore la philosophie, et connaît un véritable âge d'or au cours des premiers siècles de l'islam. Toutefois, sa puissance est affaiblie par les guerres incessantes entre les divers dynasties et califats musulmans, alors même que le Vieux Continent a l'avantage d'être unifié – en Occident, autour d'un pape et bientôt de Charlemagne (roi des Francs, 742/747-814), sacré empereur d'Occident en 800 ; à Constantinople, autour de l'empereur et du patriarche de l'Église orthodoxe.

À l'aube de la première croisade, les Turcs seldjoukides, une dynastie de nomades récemment convertis à l'islam, mettent fin à la suprématie des califats arabes et assoient par là même leur domination sur l'ensemble du Proche-Orient. L'arrivée des Turcs en Orient donne lieu à un conflit entre musulmans, mais aussi entre Byzantins et Turcs en raison de leurs visées expansionnistes. Les Seldjoukides se montrent en outre bien moins conciliants que les Arabes avec les populations chrétiennes venues s'installer ou se recueillir au Proche-Orient. Bien plus que les raisons purement religieuses, ce sont les ambitions géopolitiques qui provoquent la première croisade.

LE DÉCLIN DE L'EMPIRE BYZANTIN

L'Empire byzantin, alors en déclin, occupe lui aussi une place importante dans les croisades. Cette puissance politique plonge ses racines directement dans l'Empire romain christianisé, divisé entre les deux fils de l'empereur Théodose Ier (347-395) en 395. Honorius (384-423) en reçoit la partie occidentale latine, tandis qu'Arcadius (vers 377-408) hérite des territoires orientaux hellénophones. Cette scission scelle les destinées politiques et religieuses de ces deux entités :

- l'empire romain d'Occident, dont la capitale est Rome, s'étend à l'origine depuis la péninsule Ibérique jusqu'à l'actuelle Croatie, et de l'Angleterre jusqu'aux côtes d'Afrique du Nord. La partie occidentale ne survit pas longtemps à la division de l'Empire romain, attaquée de toutes parts par des populations germaniques. L'empereur Romulus Augustule (né vers 461 ou 462) abdique le 4 septembre 476, mettant définitivement fin à l'empire romain d'Occident, qui est morcelé ;
- l'empire romain d'Orient, également appelé byzantin, a pour capitale la ville de Constantinople, et se compose de la Grèce, de la Macédoine, de l'Asie Mineure, ainsi que du Proche-Orient et de l'Égypte. Contrairement à la partie occidentale, l'Empire byzantin ne connaît pas de rupture politique et culturelle comparable à la déposition de Romulus Augustule, et poursuit les traditions de l'ancien Empire romain.

Le règne de Justinien Ier (482-565) et de son épouse Théodora (vers 500-548) marque l'apogée de l'histoire de l'Empire byzantin. L'empereur conquiert de nouveaux territoires en Italie, en Afrique du Nord et au sud de la péninsule Ibérique, uniformise le droit romain et fait construire l'église de Sainte-Sophie, cœur de la chrétienté orientale et splendeur de l'art byzantin.

L'Empire romain d'Orient amorce quant à lui un lent déclin dès le VIIe siècle, suite à l'expansion de l'islam, qui l'ampute de ses riches territoires au Proche-Orient et en Égypte. Replié sur ses possessions d'Asie Mineure, l'empire devra lutter contre les pressions musulmanes jusqu'à la prise de Constantinople (1453), qui marque la chute de l'empire romain d'Orient. Mais cela ne s'arrête pas là puisque, au début du XIᵉ siècle, l'empereur Alexis Iᵉʳ Comnène (1058-1118) doit faire face aux Turcs seldjoukides qui se sont emparés du Proche-Orient et grappillent progressivement les dernières possessions de l'Empire byzantin. C'est dans ce contexte difficile qu'Alexis Iᵉʳ en appelle à l'entraide chrétienne auprès du pape Urbain II, qui sera l'instigateur de la première croisade.

Les relations entre l'Empire byzantin orthodoxe et l'Occident sous l'obédience de Rome n'ont pas toujours été harmonieuses, et ce pour des raisons religieuses, mais également politiques. Les Églises d'Occident et d'Orient avaient déjà connu des différends liés à des interprétations théologiques divergentes, mais la rupture définitive a lieu lors du schisme de 1054, qui sépare les deux Églises suite aux tensions qui secouent la papauté romaine et le patriarcat de Constantinople. Les prétentions territoriales et politiques de certains papes et souverains latins déplaisent également à l'Empire byzantin, qui se considère comme le seul héritier légitime du monde romain.

L'avènement des croisades et la volonté des chevaliers occidentaux de s'approprier de nouvelles terres et richesses sur les anciens territoires byzantins ravivent les tensions entre Latins et Byzantins, et atteignent leur paroxysme lors du sac de Constantinople par les croisés en 1204.

AU NOM DU CHRIST

Alors que le contexte qui a mené aux croisades semble être essentiellement d'ordre politique, le conflit prend l'allure d'une guerre religieuse entre chrétiens et musulmans. Si la majorité des croisades ont été fomentées par des papes, il ne faut cependant pas oublier que la papauté occupe à cette époque une place politique d'une importance capitale.

Au Moyen Âge, le pape est bien plus qu'un simple souverain spirituel. Il cherche à se créer une puissance politique au moyen d'une religion qui régit tous les domaines de la vie publique et privée. Politiciens, comploteurs et parfois souverains pontifes n'hésitent pas à modifier le message chrétien – à l'image de la promesse du salut éternel à ceux qui prennent les armes pour libérer le tombeau du Christ –, poussés uniquement par leurs propres intérêts. Ces ambitions politiques peuvent générer des conflits directs avec les souverains, comme ce fut le cas lors du couronnement de Charlemagne le 25 décembre 800, alors que le pape Léon III (750-816) s'était arrangé pour modifier les rites de couronnement afin que l'empereur se prosterne devant lui.

Cette prééminence désirée par le pouvoir religieux sur le pouvoir temporel se manifeste tout au long des croisades, faisant de celles-ci un outil permettant à la papauté de régler de nombreux problèmes. Le pape Grégoire IX (1170-1241) n'a-t-il pas poussé l'empereur Frédéric II de Hohenstaufen à entreprendre la sixième croisade dans le simple but de l'éloigner de l'Italie afin de préserver le pouvoir des États pontificaux ? Toutefois, malgré le caractère politique indéniable des croisades, la dimension religieuse de ces conflits ne doit pas être niée. En effet, durant près de deux siècles, des centaines de milliers d'hommes, de femmes et d'enfants se sont lancés sur les routes d'Europe afin de libérer le tombeau du Christ, espérant par là la rédemption et le salut éternel.

BIOGRAPHIES

PREMIÈRE CROISADE

Urbain II, pape

Le pape Urbain II est né en 1042 à Châtillon-sur-Marne (France) sous le nom d'Eudes de Châtillon ou d'Odon de Lagery dans une famille de la noblesse champenoise. Formé en tant que moine bénédictin, l'ambitieux jeune homme gravit progressivement les échelons de la vie cléricale et est nommé chanoine, puis archidiacre de la ville de Reims. Vers 1073, il devient moine à l'abbaye de Cluny, mais le destin lui réserve un autre sort. Remarqué par le pape Grégoire VII (entre 1015 et 1020-1085), il est appelé à Rome afin de participer à la réforme grégorienne et est consacré cardinal-évêque d'Ostie en 1078. Il devient prélat en Allemagne en 1084 avant d'être finalement élu pape le 12 mars 1088.

Urbain II est essentiellement connu pour avoir prêché la première croisade, suite à l'appel de l'empereur byzantin Alexis Comnène, dont l'empire est peu à peu envahi par les Turcs seldjoukides. C'est son discours enflammé lors du concile de Clermont (27 novembre 1095) qui pousse des centaines de chrétiens à prendre la route en direction de Constantinople, puis de Jérusalem.

Il meurt le 29 juillet 1099, quelques jours à peine après la prise de Jérusalem par les croisés. Il a été consacré au rang de bienheureux de l'Église catholique par Léon XIII (1810-1903).

Godefroy de Bouillon, premier avoué du Saint-Sépulcre

Godefroy de Bouillon est né vers 1061, probablement à Baisy, en Basse-Lotharingie (Belgique actuelle) ou à Boulogne-sur-Mer (France). En 1089, il devient duc de Basse-Lotharingie, un territoire compris entre la France et le Rhin. Fervent chrétien, Godefroy de Bouillon répond à l'appel d'Urbain II afin de délivrer le tombeau du Christ de la présence musulmane et devient par là même l'un des principaux chefs de la première croisade.

Réputé pour sa bravoure et son humilité, il mène ses hommes jusqu'à la prise de Jérusalem (15 juillet 1099), et prend la tête du royaume nouvellement créé. Le pieux chevalier rejette le titre de roi qui lui est proposé, refusant de porter une couronne d'or à l'endroit même où le Christ a porté une couronne d'épines, et devient alors l'avoué du Saint-Sépulcre. Son règne est toutefois très court puisqu'il meurt le 18 juillet 1100, probablement empoisonné. Son frère Baudouin de Boulogne (mort en 1118) lui succède et devient le premier roi de Jérusalem.

TROISIÈME CROISADE

Saladin Ier, commandant des troupes musulmanes

Salah al-Din Yusuf, appelé Saladin (surnom qui signifie « le restaurateur de la religion »), est né en 1138 à Tikrit (Irak actuel), mais grandit à la cour d'Imad al-Din Zengi (1085-1146), gouverneur turc de Syrie du Nord.

Sa glorieuse carrière militaire et l'appui de sa famille lui permettent de monter rapidement les échelons politiques jusqu'à se faire nommer vizir d'Égypte en 1169. Le jeune homme, alors âgé de 31 ans, se lance dans l'unification de la Syrie et de l'Égypte, jusque-là morcelées et occupées par les croisés. Fort de cette union et appelant les princes arabes au djihad (la guerre sainte), Saladin finit par reprendre la ville de Jérusalem en 1187. Suite à cette victoire arabe, une troisième croisade est lancée et Saladin doit faire face aux troupes de celui qui deviendra son ennemi le plus féroce, Richard Cœur de Lion. Si les deux hommes sont bel et bien en compétition et luttent l'un contre l'autre, leur relation est sous-tendue par un profond respect. Richard Cœur de Lion ne parvenant pas à prendre Jérusalem, les deux hommes finissent par trouver un accord pour mettre fin aux combats.

Saladin meurt le 4 mars 1193 à Damas, peu de temps après le départ de Richard Cœur de Lion. Ses exploits, narrés par les croisés, le rendent célèbre en Occident.

Richard Cœur de Lion, roi d'Angleterre

Richard Ier naît probablement au palais de Beaumont à Oxford, le 8 septembre 1157. Il est le quatrième enfant d'Henri II d'Angleterre (1133-1189) et de son épouse, Aliénor d'Aquitaine (1122-1204). Fils préféré de sa mère, Richard devient l'héritier de la couronne d'Aquitaine et du titre de comte de Poitiers, propriétés d'Aliénor. Suite à une série de querelles familiales et au décès de ses frères aînés, Richard monte sur le trône d'Angleterre en 1189 et règne sur les possessions anglaises de France : la Normandie, le Maine et l'Anjou.

Richard, qui a grandi en Aquitaine et ne parle presque pas anglais, ne reste pas longtemps dans son royaume. En effet, le début de son règne coïncide avec l'appel à la troisième croisade, dont il prend la tête. Son périple l'amène tout d'abord en Sicile, puis à Chypre, où il épouse Bérangère de Navarre (1163-1230). Il prend ensuite possession de l'île et s'empare de Saint-Jean-d'Acre (actuelle ville d'Acre en Israël) le 13 juillet 1191. Malgré ces expéditions violentes, Richard Cœur de Lion est incapable de prendre Jérusalem et accepte de signer une trêve avec Saladin.

Le retour de Richard Cœur de Lion ne se fait pas sans encombre. Après un périple tumultueux, il doit faire face aux complots de son frère, Jean d'Angleterre, dit Jean sans Terre (1167-1216), et de Philippe II Auguste (1165-1223), roi de France, qui tentent de s'emparer de ses possessions. Richard Cœur de Lion s'engage alors dans une série de combats en France contre Philippe Auguste et décède le 6 juin 1199, mortellement touché par une flèche lors du siège du château de Châlus dans le Limousin.

SIXIÈME CROISADE

Frédéric II de Hohenstaufen, empereur du Saint Empire romain germanique

Frédéric II de Hohenstaufen est né le 26 décembre 1194 à Jesi (ville d'Italie), et passe sa jeunesse en Sicile, terre multiculturelle où se côtoient des influences normandes, byzantines et islamiques. Grand amateur de culture et mécène, Frédéric II accueille savants, poètes et philosophes à sa cour et se passionne pour l'Orient.

En 1212, il est couronné roi des Romains avant d'être proclamé empereur du Saint Empire romain germanique en 1220, unifiant ainsi la Sicile à l'Empire germanique. Élevé par le pape Honorius III (1150-1227) après le décès de ses parents, Frédéric II entretient pourtant des relations extrêmement tendues avec la papauté. Mais Grégoire IX, successeur d'Honorius III, lui rappelle sa promesse faite lors de son couronnement de partir en croisade. L'empereur n'étant pas pressé à réaliser ce serment, il faudra attendre son excommunication par Grégoire IX pour qu'il accepte de prendre la route.

Grâce à sa connaissance de la langue arabe et à son goût pour cette culture, Frédéric II avance pacifiquement jusque Jérusalem où il négocie, en 1129, le traité de Jaffa avec le sultan al-Malik al-Kamil (1180-1238), neveu de Saladin Ier. Promettant de se désintéresser des conflits concernant les autres États latins d'Orient et de ne pas leur porter assistance contre les musulmans, il reçoit Jaffa, Bethléem, Nazareth et Jérusalem.

De retour en Italie et réhabilité par le pape, l'empereur n'en garde pas moins des relations difficiles avec celui-ci et finira même par se faire excommunier une seconde fois suite à leurs nombreuses divergences d'opinion. Le règne éclairé de Frédéric II de Hohenstaufen prend fin à sa mort, le 13 décembre 1250.

SEPTIÈME ET HUITIÈME CROISADES

Louis IX, roi de France

Louis IX, mieux connu sous le nom de Saint Louis, est la dernière figure marquante des croisades, mais aussi l'un des souverains majeurs de l'histoire de France. Né le 25 avril 1214 à Poissy, il est le petit-fils de Philippe Auguste, et accède au trône à l'âge de 12 ans. Son règne est inspiré par les valeurs du christianisme et est caractérisé par la sagesse et la diplomatie qui l'animent.

Louis IX entreprend notamment une réforme et un développement important de la justice, en introduisant des baillis et prévôts dans son royaume, et en établissant la présomption d'innocence. Certaines des lois promulguées sous son règne reflètent la volonté du monarque de conduire ses sujets vers le salut, comme notamment l'interdiction de blasphème, des jeux d'argent et de la prostitution.

Suite à sa guérison inespérée d'une maladie grave, Louis IX fait vœu de partir en croisade, mais ses deux expéditions se révèleront des échecs. La septième croisade le mène en Égypte, où il est fait prisonnier, et il décède de la peste au cours de la huitième croisade, à Tunis, le 25 août 1270. Déjà considéré comme un saint de son vivant en raison de sa sagesse, Louis IX est canonisé par l'Église catholique en 1297 et devient Saint Louis de France.

LES CROISADES

LA PREMIÈRE CROISADE (1096-1099)

Suite à l'appel à l'aide de l'empereur byzantin Alexis Comnène, le pape Urbain II décide de mettre sur pied un pèlerinage armé en vue de sauver les frères chrétiens opprimés et de libérer le Saint-Sépulcre de l'emprise musulmane. Au-delà de ces raisons religieuses explicitement énoncées, le pape espère également moraliser la chevalerie en éradiquant la violence et les guerres privées entre les seigneurs féodaux. Afin de rendre cette idée de croisade compatible avec les valeurs chrétiennes, mais aussi pour inciter les gens à prendre part à son projet, Urbain II annonce que toute personne partie se battre pour libérer la Terre sainte gagnera le salut de son âme.

Le pape Urbain II prêchant la première croisade.

L'idée de la rémission des péchés trouve un écho important en Europe et le discours d'Urbain II, relayé par des prédicateurs comme Pierre l'Ermite (vers 1050-1115), est accueilli avec un grand enthousiasme par la population. Cet engouement touche pour certains au fanatisme religieux et des débordements éclatent dans plusieurs villes. Quatre armées de chevaliers comptabilisant environ 30 000 hommes se lancent dans cette expédition, dirigées par Godefroy de Bouillon, son frère Baudoin de Boulogne (1058-1118) ou encore Bohémond de Tarente (prince de Tarente et d'Antioche, entre 1050 et 1058-1111).

N'étant pas préparé à voir arriver une telle armée et craignant pour la sécurité de celle-ci, Alexis Comnène aide les croisés à traverser le détroit du Bosphore. En chemin, les armées chrétiennes prennent tour à tour les villes de Nicée, d'Antioche avant d'atteindre Jérusalem le 7 juin 1099. Les croisés assiègent la ville durant 40 jours avant d'en prendre possession, le 15 juillet. Exaspérés, les soldats déferlent sur la ville et massacrent les habitants de Jérusalem.

Suite à cette première victoire chrétienne, les territoires conquis sont organisés et répartis entre les grands seigneurs à la tête des différentes armées, afin de devenir les États latins d'Orient :

- le comté d'Édesse revient à Baudouin de Boulogne. Créé en 1098, il perdure jusqu'en 1146 ;
- la principauté d'Antioche revient à Bohémond Ier en 1098 et se maintient jusqu'en 1268 ;
- le comté de Tripoli revient à Raimond de Saint-Gilles (comte de Toulouse, 1042-1105) en 1102 et disparaît en 1288 ;
- le royaume de Jérusalem revient à Godefroy de Bouillon en 1099 et perdure jusqu'en 1291.

LA DEUXIÈME CROISADE (1147-1149)

Après cette victoire des croisés et l'installation des États latins d'Orient, les croisades suivantes auront essentiellement pour but de défendre les possessions chrétiennes en Terre sainte.

En 1144, le comté d'Édesse est repris par les forces musulmanes et le pape Eugène III (vers 1090-1153) ordonne une nouvelle expédition. Son appel est relayé par Bernard de Clairvaux (docteur de l'Église, 1090-1153) à Vézelay (Bourgogne) ainsi qu'à Spire, dans l'Empire germanique. Deux souverains répondent à l'appel : le roi de France Louis VII (1120-1180) et l'empereur germanique Conrad III (1093-1152). Tous deux prennent la tête d'une armée composée de 200 000 hommes issus des différentes couches sociales.

La croisade est un véritable échec suite au désaccord survenu entre les chefs, mais aussi aux nombreux débordements commis par les troupes et à la mauvaise organisation militaire de l'expédition. En outre, les relations avec l'Empire byzantin sont mises à mal en raison des troubles causés par les croisés alors qu'ils étaient de passage dans les Balkans.

Durant la traversée du désert d'Anatolie, les hommes de Conrad III sont attaqués par les Turcs et massacrés à Dorylée, le 25 octobre 1147. L'empereur germanique préfère dès lors rebrousser chemin, tandis que les troupes franques continuent seules. Louis VII et ses hommes se détournent finalement d'Édesse et assiègent la ville de Damas en 1148, sans succès. Suite à ce cuisant échec, les croisés rentrent en Europe sans avoir remporté une seule bataille en Orient. Bernard de Clairvaux, l'un des instigateurs de ce périple, incombe l'échec de cette croisade aux nombreux péchés de sang commis par les croisés.

LA TROISIÈME CROISADE (1189-1192)

Saladin choisit de dédier sa vie à la reconquête des terres musulmanes perdues près d'un siècle plus tôt. Pour ce faire, il appelle les princes arabes au djihad et prend le contrôle de l'Égypte et de la Syrie. Ils participent notamment à la bataille de Hattin contre les forces du royaume de Jérusalem, et finissent par obtenir la reddition de la ville sainte, le 2 octobre.

La bataille de Hattin

Au cours de la bataille, les croisés perdent près de 90 % de leurs effectifs, soit environ 15 000 hommes. Après cette terrible défaite, ceux-ci ne sont plus en mesure de défendre leurs villes et leurs forteresses, qui tombent les unes après les autres.

Le choc est grand en Europe et, une fois de plus, le pape Grégoire VIII en appelle à une nouvelle croisade afin de libérer les territoires perdus. Il demande plus particulièrement l'aide de l'empereur germanique Frédéric Ier Barberousse (1122-1190), du roi de France Philippe Auguste et du roi d'Angleterre Richard Cœur de Lion, raison pour laquelle l'expédition sera surnommée la croisade des rois. Mais, à nouveau, les forces occidentales sont affaiblies par des tensions entre leurs chefs, mais également par de tragiques accidents qui compliquent encore la situation. En cours de route, Frédéric Barberousse se noie en traversant une rivière, et son armée, la plus importante de l'expédition, finit par se disperser. Aussi, les troupes françaises désertent à leur tour suite à un désaccord entre Philippe Auguste et Richard Cœur de Lion.

Après avoir conquis l'île de Chypre, le monarque anglais parvient à reprendre la ville de Saint-Jean-d'Acre en 1191, et fait exécuter quelque 3 000 soldats musulmans. Il dirige ensuite son armée en direction de Jérusalem, où il rencontre une âpre résistance de la part des troupes de Saladin. Remarquant qu'il ne pourra prendre le contrôle de la ville, une trêve est finalement signée entre les deux hommes le 2 septembre 1192. L'accord prévoit de maintenir le contrôle musulman sur Jérusalem, tout en permettant aux chrétiens de s'y rendre en pèlerinage. En outre, une bande de terre allant de Jaffa à Haïfa revient également aux croisés. Suite à cet accord, Richard rentre en Angleterre où il doit faire face aux complots de son frère Jean d'Angleterre et de son ancien allié français Philippe Auguste.

LA QUATRIÈME CROISADE (1202-1204)

Malgré les accords passés entre Richard Cœur de Lion et Saladin, le pape Innocent III décide de lancer une quatrième croisade afin de récupérer le contrôle de Jérusalem. Si certains souverains européens sont réticents à l'idée de partir en Orient au vu des désastreux résultats des deux précédentes croisades, plusieurs nobles répondent à l'appel du pape : les comtes Louis de Blois (1171-1205), Thibaud de Champagne (1179-1201), Baudouin de Flandre (1171-1205), le duc Eudes de Bourgogne (1166-1218) ou encore le marquis Baudouin de Montferrat (vers 1150-1207).

Poussés par leur désir de trouver un nouvel itinéraire pour rejoindre l'Orient sans plus passer par un Empire byzantin avec lequel les relations ne cessent de se dégrader, les croisés se tournent vers les républiques italiennes afin de gagner leur destination par voie maritime. Venise, par laquelle devront transiter les troupes, accepte l'itinéraire, mais demande le paiement d'une importante somme d'argent (85 000 ducats), que les combattants peinent à réunir. Remarquant leurs difficultés, la République italienne leur propose un marché : elle accepte de diminuer les frais de passage si les croisés prennent la ville de Zara (l'actuel Zadar en Croatie), une ancienne possession vénitienne, et la livrent au doge. Or les citoyens de Zara sont des chrétiens, et accepter un tel marché reviendrait à se détourner de la guerre contre les infidèles. Pourtant, les dirigeants de la quatrième croisade acceptent l'offre et assiègent la ville (1202). Si les citoyens gardent la vie sauve, les richesses de la ville sont pillées. Dès qu'il l'apprend, Innocent III fait excommunier les Vénitiens et les croisés pour s'être attaqués à une ville chrétienne.

Malgré cette punition, les croisés poursuivent leur route, mais un second marché va définitivement les détourner de leur objectif. Baudouin de Montferrat, l'un des chefs de l'expédition, signe un pacte avec Alexis IV Ange (vers 1182-1204), fils de l'empereur byzantin Isaac II Ange (vers 1155-1204), dont le pouvoir a été usurpé. Par celui-ci, il accepte de récupérer le trône de Byzance en échange du paiement des dettes à Venise. Si les croisés sont peu enclins à se battre une fois de plus contre des frères chrétiens, Venise y voit une formidable occasion de faire tomber sa grande rivale et encourage la démarche. La mission est couronnée de succès et Constantinople est prise en 1203, permettant à Alexis IV Ange de monter sur le trône. Mais, loin d'être reçu en libérateur, le nouvel empereur souffre d'une mauvaise réputation chez les Byzantins, qui acceptent mal l'accord passé entre leur souverain et les croisés. À cela s'ajoute le fait qu'Alexis IV Ange est dans l'incapacité de payer les croisés, les caisses de la ville ayant été vidées par son prédécesseur. Une révolution finit par éclater, et Alexis IV Ange est détrôné puis tué, tandis qu'une guerre civile oppose les Byzantins et les Latins. Ceux-ci, mieux armés, en sortent victorieux et saccagent Constantinople, pillant notamment de nombreuses œuvres d'art. Les croisés se partagent ensuite le territoire byzantin et y fondent plusieurs États latins.

Entrée des Croisés à Constantinople, tableau d'Eugène Delacroix, 1840.

Ainsi s'achève la quatrième croisade, qui, ayant complètement échappé au pouvoir papal, a fini par dégénérer en conflit interchrétien.

LA CROISADE DES ENFANTS (1212) ET LA CINQUIÈME CROISADE (1217-1219)

Huit ans après la quatrième croisade, un jeune berger annonce qu'un ange lui est apparu et lui a révélé que seuls des êtres innocents pourront délivrer le tombeau du Christ de la présence musulmane. Des centaines d'enfants décident alors de se rassembler en France et en Allemagne afin de se lancer dans une improbable expédition vers Jérusalem, et ce malgré les avertissements du pape et des seigneurs. Sans surprise, leur sort est tragique : nombre d'entre eux périssent en route tandis que d'autres sont vendus en esclavage.

La Croisade des enfants, tableau de Gustave Doré, 1892.

Malgré ces multiples échecs, Innocent III invoque une nouvelle croisade et organise l'expédition lors du concile du Latran IV (1215), afin de ne pas perdre le contrôle sur ses troupes. Le commandement est donné à Léopold VI (duc d'Autriche, 1176-1230), à André II (roi de Hongrie, 1175-1235), ainsi qu'à Jean de Brienne (roi de Jérusalem, 1148-1237). Ce dernier prend rapidement la tête de l'expédition et décide d'attaquer l'Égypte afin de s'emparer de ses ports, à commencer par Alexandrie et Damiette. Son but est simple : affaiblir les musulmans et négocier une rétrocession de Jérusalem. La tactique est prometteuse, et les croisés assiègent Damiette en 1218.

Devant la dureté du siège, al-Malik al-Kamil, le neveu de Saladin, accepte d'entamer des pourparlers et se montre disposé à céder Jérusalem contre la levée du siège de Damiette. Mais un bénédictin espagnol du nom de Pélage Galvani (vers 1165-1230), le chef religieux de la croisade, refuse toute discussion avec l'ennemi musulman et repousse l'offre du sultan. Le fanatisme de l'Espagnol pousse les croisés à prendre la ville de Damiette en novembre 1219, avant de se lancer dans la conquête irréfléchie du reste de l'Égypte qu'ils connaissent pourtant très mal. Piégés par la crue annuelle du Nil, ils sont contraints de capituler en 1221 et de rendre Damiette en échange de leur liberté.

LA SIXIÈME CROISADE (1228-1229)

Quelques années plus tard, le pape Grégoire IX rappelle à l'ordre Frédéric II de Hohenstaufen, qui avait promis de partir en croisade contre les infidèles lors de son couronnement, en l'excommuniant. Mis au ban du monde occidental chrétien, Frédéric II se voit contraindre de partir en Orient afin de se racheter aux yeux du pape.

Il arrive en Terre sainte en 1128, accompagné d'une troupe de 3 000 soldats. Grâce à sa connaissance de la langue et de la culture arabes, Frédéric II entreprend des négociations avec le sultan al-al-Malik al-Kamil. Au bout de cinq mois, les talents diplomatiques de l'empereur permettent la signature du traité de Jaffa. Il obtient ainsi la restitution de Bethléem, de Nazareth et du Saint-Sépulcre de Jérusalem.

Cette sixième croisade est la seule à se terminer sans que la moindre goutte de sang n'ait été versée, grâce à la finesse et à la diplomatie de Frédéric II. Pourtant, Rome et l'Occident, loin de s'enthousiasmer devant l'exploit accompli, se scandalisent de cet accord passé avec les infidèles. Quelques années plus tard, Jérusalem est à nouveau prise par les musulmans.

LES SEPTIÈME (1248-1254) ET HUITIÈME CROISADES (1270)

La perte de Jérusalem affecte beaucoup le roi de France, Louis IX, extrêmement pieux. Suite à sa guérison inespérée de la malaria, le souverain fait la promesse de libérer définitivement la Terre sainte de la présence musulmane. Après de longs préparatifs, le monarque s'embarque avec ses proches ainsi qu'une armée de 35 000 hommes à Aigues-Mortes, en Provence. Après un passage par Chypre, les troupes françaises s'attaquent à nouveau à Damiette, dont elles s'emparent en 1249. Elles avancent ensuite vers Le Caire, mais sont freinées à Al Mansoura (1250), où elles obtiennent diffi-cilement la victoire.

Fatigués, les croisés sont touchés par la famine et les épidémies, et se trouvent à nouveau piégés par la crue du Nil. Les Égyptiens, quant à eux, poursuivent l'armée en déroute et finissent par capturer Louis IX, le 7 avril 1250. Au terme d'âpres négociations, le monarque est fina-lement libéré contre une rançon et la restitution de Damiette. Après sa libération, le roi décide d'effectuer un pèlerinage en Terre sainte et reste quatre ans dans les villes franques de Syrie. Il finit par rentrer en France en 1254, suite à l'annonce du décès de sa mère Blanche de Castille (1188-1252), régente du royaume en son absence – décès survenu en décembre 1252, mais dont la nouvelle n'est parvenue aux croisés qu'au printemps 1253.

Obsédé par son vœu de libérer la Terre sainte, Louis IX décide de repartir pour l'Afrique en 1270 et lance la huitième et dernière croisade. Il s'embarque à nouveau avec ses hommes à Aigues-Mortes, mais se dirige cette fois vers la Tunisie d'où il espère conquérir l'Orient. Cependant, après quelques victoires, dont la prise de Carthage, les croisés sont une fois de plus décimés par les épidémies et Louis IX succombe à la peste. Les ultimes vestiges des États latins d'Orient disparaissent peu de temps après sa mort, avec la chute de Saint-Jean-d'Acre en 1291.

RÉPERCUSSIONS

UN MONDE À JAMAIS BOULEVERSÉ

Les croisades comptent sans nul doute parmi les événements de l'histoire qui ont changé la face du monde. Entreprises entre les XIe et XIIIe siècles, elles ont changé les rapports de force entre l'Occident chrétien, l'Empire byzantin et plusieurs ethnies du monde musulman, favorisant l'émergence de certaines civilisations et précipitant le déclin d'autres.

Pour l'Empire byzantin, les croisades sonnent le glas d'une longue et riche histoire ininterrompue depuis l'Antiquité. En deux siècles, il est fragilisé par les attaques répétées des Turcs seldjoukides, mais aussi par les passages des croisés qui n'hésitent pas à tuer et à piller, et ce même en terre chrétienne. Le sac de Constantinople ainsi que la constitution d'États latins sur les anciennes terres byzantines précipitent le déclin de l'empire. Affaiblie et appauvrie, Constantinople continue pourtant sa lutte contre l'invasion musulmane en Asie Mineure jusqu'à sa prise définitive par les Turcs en 1453. Lorsque cette région du monde cède finalement à l'avancée musulmane, l'ancienne capitale byzantine devient le siège de l'Empire ottoman et prend le nom d'Istanbul.

Le monde musulman connaît lui aussi de nombreux bouleversements et sort profondément changé des croisades. Celles-ci mettent en effet fin à la prééminence en Méditerranée de la civilisation arabe, qui jouissait d'une avance non négligeable sur l'Occident dans de très nombreux domaines, notamment grâce à l'utilisation des connaissances indiennes et grecques antiques. Ce monde musulman est attaqué par les croisés, mais est aussi occupé par les Turcs seldjoukides qui en prennent rapidement le contrôle. Après le succès de la première croisade, les suivantes ne sont plus que de vaines tentatives de défendre les États latins d'Orient, qui disparaissent les uns après les autres. De leur côté, les Turcs parviennent à s'imposer durablement dans la région et mettent fin à l'Empire byzantin en 1453 pour donner naissance à celui des Ottomans. Dominant une grande partie du Proche-Orient et de l'Afrique du Nord, celui-ci, loin de faire table rase du monde byzantin, s'en inspire même énormément. Istanbul se dote ainsi de nombreuses mosquées aux majestueuses coupoles, directement calquées sur celle de la basilique Sainte-Sophie, elle-même transformée en lieu de culte musulman. Le puissant Empire ottoman perdure jusqu'à la fin de la Première Guerre mondiale (1914-1918) avant de donner naissance à la république de Turquie qui en est l'héritière directe.

DE NOUVELLES CONNAISSANCES

En Occident, les croisades ont eu un impact positif dans des domaines très variés. Bien que les croisés aient dû faire face à de nombreux échecs, ils ont permis la création des États latins d'Orient, formidables lieux d'échanges culturels et commerciaux avec le monde musulman. Grâce à la présence latine en Orient, les républiques italiennes ont pu reprendre le contrôle du commerce en Méditerranée, jusque-là monopolisé par les musulmans, et se sont considérablement enrichies. Depuis, de nouveaux produits transitent dans toute l'Europe, tels que le riz, le café, les dattes, les abricots, les citrons ou encore le sucre et le gingembre.

Ces échanges entre les deux civilisations ont également contribué à l'épanouissement d'un renouveau culturel, qui ouvrira à l'Europe les portes de la Renaissance. Les croisades ont notamment permis de redécouvrir les savoirs de l'Antiquité, et de mesurer la richesse des connaissances des civilisations arabe et indienne dans des domaines aussi variés que l'algèbre, la chimie ou encore l'astronomie. La plus grande de ces découvertes dues aux Arabes n'est autre que l'introduction de leur système numérique que nous continuons d'utiliser. Ces chiffres remplacent progressivement la notation romaine et s'imposent en raison de leurs nombreux avantages mathématiques, dont la notion de zéro, inexistante dans la Rome antique.

UNE LUTTE QUI SE POURSUIT

Loin de s'arrêter avec les croisades, l'opposition entre l'Occident chrétien et le monde musulman se poursuit tout au long du Moyen Âge et des Temps modernes avec la Reconquista espagnole (718-1492) et la lutte contre l'Empire ottoman. S'ils sont finalement chassés d'Espagne sous l'impulsion des Rois Catholiques, les Ottomans parviennent néanmoins à pénétrer en Europe à plusieurs reprises, assiégeant notamment Vienne en 1529 et en 1683. Marquées par la crainte de l'expansion musulmane et les mythes entourant quelques grands chevaliers croisés, les croisades occupent aujourd'hui encore une place importante dans l'imaginaire collectif.

EN RÉSUMÉ

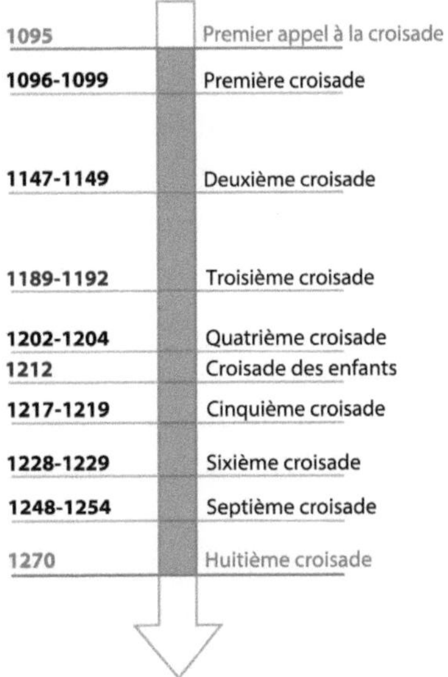

- Les huit croisades en Terre sainte sont des pèlerinages armés qui ont opposé l'Occident chrétien, l'Orient musulman, mais aussi l'Empire byzantin orthodoxe du XIe au XIIIe siècle.

- Le premier appel à la croisade est lancé en 1095 par le pape Urbain II lors du concile de Clermont afin de délivrer les terres chrétiennes de la présence musulmane.

- Bien que les croisades présentent avant tout des motifs religieux, elles répondent également à de grands enjeux politiques entre les puissances de l'époque, notamment l'équilibre entre pouvoir temporel et le pouvoir religieux.

- De nombreuses personnalités ont pris part à ces conflits, dont les plus célèbres sont Godefroy de Bouillon, Richard Cœur de Lion, Saladin Ier ou encore Louis IX.

- La première croisade est victorieuse, car elle se termine par la prise de Jérusalem et la création des États latins d'Orient, îlots chrétiens en terre musulmane.
- Les croisades suivantes constituent de vaines tentatives pour défendre et récupérer ces terres, qui sont successivement reconquises par les musulmans.
- Un scandale survient lors de la quatrième croisade lorsque les croisés, détournés de leur objectif par la république de Venise, pillent et saccagent Constantinople, pourtant chrétienne, en 1204. Les tensions entre Byzantins et Latins, qui n'ont cessé de grandir au fil des croisades, atteignent alors leur paroxysme.
- La sixième croisade, dirigée par l'empereur germanique Frédéric II de Hohenstaufen, est une réussite diplomatique : un accord est trouvé avec les musulmans sans qu'aucune goutte de sang ne soit versée.
- Les deux dernières croisades sont menées par Louis IX, futur Saint Louis, en Égypte et en Tunisie. Le monarque français décède en 1270 près de Tunis, après avoir contracté la peste.
- Les ultimes vestiges des États latins d'orient disparaissent peu de temps après la mort de Saint Louis, avec la chute de Saint-Jean-d'Acre en 1291.
- Les croisades ont eu de nombreuses répercussions en Occident, offrant un renouveau économique et culturel en Europe.

POUR ALLER PLUS LOIN

SOURCES BIBLIOGRAPHIQUES

- ASBRIDGE (Thomas), *The Crusades : the War For the Holy Land*, Londres, Simon & Schuster, 2010.
- CAZAUX (Loïc), *Au temps des croisades*, Paris, Ellipses, 2008.
- FLORI (Jean), *La guerre sainte. La formation de l'idée de croisade dans l'Occident chrétien*, Paris, Aubier, 2001.
- FLORI (Jean), *Les croisades*, Paris, Éditions Gisserot, 2001.
- FLORI (Jean), *Guerre sainte, Jihad, croisade. Violence et religion dans le christianisme et l'islam*, Paris, Seuil, 2002.
- GROUSSET (René), *L'épopée des croisades*, Verviers, Nouvelles éditions Marabout, 1981.
- HEERS (Jacques), *La première croisade. Libérer Jérusalem*, Paris, Fayard, 1999.
- HILLENBRAND (Carole), *The Crusades : Islamic Perspectives*, Édimbourg, Edinburgh University Press, 1999.
- MADDEN (Thomas), *The Crusades : the Essential Readings*, Oxford, Blackwell, 2002.
- MADDEN (Thomas), *Crusades : Medieval Worlds in Conflict*, Farnham, Ashgate, 2010.
- MAALOUF (Amin), *Les croisades vues par les Arabes*, Paris, J.-C. Lattès, 1983.
- NORWICH (John Julius), *Histoire de Byzance*, France, Perrin, 2002.
- RICHARD (Jean), *Histoire des croisades*, Paris, Fayard, 1996.

SOURCES COMPLÉMENTAIRES

- AURELL (Martin), *Des chrétiens contre les croisades (XIIe-XIIIe siècle)*, Paris, Fayard, 2013.

- DELORS (Robert) et BALLARD (Michel), *Les croisades*, Paris, Seuil, 1988.
- DIERKENS (Alain), DIAGRE (Denis) et VOÛTE (Pauline), *Le temps des croisades*, Bruxelles, Crédit communal, 1996.
- DUPRONT (Alphonse), *Le mythe de croisade*, Paris, Gallimard, 1997.
- FLORI (Jean), *La première croisade. L'Occident chrétien contre l'Islam*, Bruxelles, Complexe, 1997.
- FLORI (Jean), *Pierre l'Ermite et la première croisade*, Paris, Perrin, 2003.
- GROUSSET (René), *Les croisades*, Paris, PUF, 1994.
- LEBEDEL (Claude), *Les croisades. Origines et conséquences*, Rennes, Ouest-France, 2004.
- MORRISSON (Cécile), *Les croisades*, Paris, PUF, 1969.
- RILEY-SMITH (Jonathan), *Atlas des croisades*, Paris, Autrement, 1996.
- SCHWARZFUCHS (Simon), *Les Juifs au temps des croisades en Occident et en Terre sainte*, Paris, Albin Michel, 2005.

SOURCES ICONOGRAPHIQUES

- *Le pape Urbain II prêchant la première croisade*. La photo reproduite est réputée libre de droits.
- *Entrée des Croisés à Constantinople*, tableau d'Eugène Delacroix, 1840. La photo reproduite est réputée libre de droits.
- *La Croisade des enfants*, tableau de Gustave Doré, 1892. La photo reproduite est réputée libre de droits.

FILMS ET DOCUMENTAIRE

- *Au temps des croisades*, documentaire de Jean-François Delassus, France, 2002.
- *Arn, chevalier du Temple*, film de Peter Flinth, avec Joakim Nätterqvist, Sofia Helin et Stellan Skarsgard, Suède, 2007.

- *Guerres Saintes : les croisades vers Jérusalem*, documentaire de Christian Twente et Martin Carazo Mendez, Allemagne, 2011.
- *Le Sang des Templiers*, film de Jonathan English, avec James Purefoy, Paul Giamatti et Kata Mara, Royaume-Uni/États-Unis/Allemagne, 2011.

SOYEZ LÀ
OÙ ON NE VOUS ATTEND PAS !

www.50minutes.com

www.50minutes.com

Éditeur responsable : Lemaitre Publishing
Rue Lemaitre 4 | BE-5000 Namur
info@lemaitre-editions.com

ISBN ebook : 978-2-8062-5914-1
ISBN papier : 978-2-8062-5915-8
Dépôt légal : D/2015/12603/42
Photo de couverture : © *Saint-Louis fait prisonnier*, estampe de Gustave Doré, XIXe siècle.

Conception numérique : Primento,
le partenaire numérique des éditeurs